Linguaggio del Corpo

La guida per comprendere i persieri e le emozioni delle persone tramite il linguaggio non verbale.

Augusto De Luca

Nota Legale

Le informazioni contenute in questo libro e i suoi contenuti non sono pensati per sostituire qualsiasi forma di parere medico o professionale; e non ha lo scopo di sostituire il bisogno di pareri o servizi medici, finanziari, legali o altri che potrebbero essere necessari. Il contenuto e le informazioni di questo libro sono stati forniti solo a scopo educativo e ricreativo.

Il contenuto e le informazioni contenuti in questo libro sono stati raccolti a partire da fonti ritenute affidabile, e sono accurate secondo la conoscenza, le informazioni e le credenze dell'Autore. Tuttavia, l'Autore non può garantirne l'accuratezza e validità e perciò non può essere ritenuto responsabile per qualsiasi errore e/o omissione. Inoltre, a questo libro vengono apportate modifiche periodiche secondo necessità. Quando appropriato e/o necessario, devi consultare un professionista (inclusi, ma non limitato a, il tuo dottore, avvocato, consulente finanziario o altri professionisti del genere) prima di usare qualsiasi rimedio, tecnica e/o informazione suggerita in questo libro.

3

Usando i contenuti e le informazioni in questo libro, accetti di ritenere l'Autore libero da qualsiasi danno, costo e spesa, incluse le spese legali che potrebbero risultare dall'applicazione di una qualsiasi delle informazioni contenute in questo libro. Questa avvertenza si applica a qualsiasi perdita, danno o lesione causata dall'applicazione dei contenuti di questo libro, direttamente o indirettamente, in violazione di un contratto, per torto, negligenza, lesioni personali, intenti criminali o sotto qualsiasi altra circostanza.

Concordi di accettare tutti i rischi derivati dall'uso delle informazioni presentate in questo libro.

Accetti che, continuando a leggere questo libro, quando appropriato e/o necessario, consulterai un professionista (inclusi, ma non limitati a, il tuo dottore, avvocato, consulente finanziario o altri professionisti del genere) prima di usare i rimedi, le tecniche o le informazioni suggeriti in questo libro.

Table of Contents

Introduzione

Ciao e benvenuto nel mio ebook sul linguaggio del corpo. Mi fa piacere conoscerti.

Con linguaggio del corpo intendiamo la comunicazione non verbale tra le persone. Potrebbe essere tra te e qualcun altro, o potrebbe essere tra te e un intero gruppo di persone. Ad ogni modo, è quando comunichi in modo non verbale con qualcuno usando diverse parti del tuo corpo (arti, viso, occhi e postura) per trasmettere inconsciamente come ti senti.

Oggigiorno lo studio del linguaggio del corpo si è evoluto così tanto che sempre più persone stanno comprendendo la sua importanza. Il linguaggio del corpo può migliorare moltissime aree della tua vita: può aiutarti a salire di grano nella carriera lavorativa e può aiutarti al primo appuntamento. Entra in gioco in tutti gli aspetti della tua vita, comprese conversazioni casuali con un amico e discussioni importanti di gruppo sul lavoro.

In questo libro tratterò i vari tipi di linguaggio del corpo. Ti mostrerò come leggere gli indizi non verbali che le persone trasmettono e ti aiuterò a individuare gli interessi romantici, le emozioni e persino l'insicurezza.

Ma perché è così importante imparare tutto questo? Cosa rende così utile la comprensione del linguaggio del corpo? Ecco alcuni motivi:

Il linguaggio del corpo ti aiuta a stabilire una connessione con le persone

Se sei sempre stato il tipo di persona che lotta per entrare in contatto con le persone, è possibile che tu non capisca il linguaggio del corpo.

Gli studi hanno dimostrato che la comunicazione non verbale è spesso più importante della comunicazione verbale. Quando capiamo cosa dicono le persone con il loro corpo, al contrario di quello che semplicemente ci dicono a parole, capiamo di più sulla situazione che stanno vivendo e su come si sentono. Questo ci aiuta a sincronizzarci con loro.

Come puoi immaginare, questo genere di nozioni sono davvero utili se ti trovi in una situazione in cui è molto importante entrare in sintonia con l'altra persona, ad esempio durante un primo appuntamento o durante un colloquio di lavoro. È anche molto importante se sei un venditore che cerca di conquistare un acquirente.

Puoi essere anche super preparato per, ad esempio, un colloquio di lavoro, ma se il tuo corpo ti tradisce facendo le cose sbagliate, l'intervistatore ne avrà una brutta impressione. Qualcosa in te non lo convincerà. Non potranno giurarci e magari esprimere in modo preciso cosa c'è che non è piaciuto di ciò che hai fatto, ma il modo in cui ti comporti a livello non verbale invierà loro abbastanza segnali per suggerire che non dovresti ottenere questo lavoro.

Il linguaggio del corpo ti aiuterà ad evitare conflitti

A volte, ci troviamo in situazioni che sfuggono dal nostro controllo. Magari abbiamo infastidito l'altra persona e, se non stiamo attenti, esploderanno e scateneranno la loro rabbia su di noi.

Le persone lasciano indizi su come si sentono. Se sono arrabbiati e stanno per esplodere, è molto probabile che ce lo comunicheranno in primis in modo non verbale. Pertanto, se riesci a leggere il linguaggio del corpo, sarai in grado di leggere la situazione e prendere le misure necessarie per evitare uno scoppio di rabbia.

Ciò è particolarmente utile se sei in una relazione. Se il tuo partner è sul punto di scagliarsi contro di te perché non stai mostrando loro alcuna comprensione, il linguaggio del corpo ti indicherà come si sentono. È quindi possibile fare ciò che serve per prevenire i conflitti.

Il linguaggio del corpo migliorerà il modo in cui porti a termine i tuoi affari

Immagina di essere un imprenditore che partecipa a una riunione importante. Hai un accordo chiave da concludere, ma non riesci a capire come si sente l'altra persona.

Il linguaggio del corpo ti aiuta anche in questo caso. Puoi usarlo per dare un'occhiata più da vicino a ciò che la tua controparte sta facendo con le braccia, le caviglie, il busto per capire meglio come si sentono riguardo alla situazione di cui state parlando. Capire il linguaggio del corpo significa sapere cosa fare per fare andare in porto un buon affare.

Il linguaggio del corpo migliorerà la tua immagine

Hai una presentazione da fare e hai intenzione di fare una dichiarazione molto audace davanti al pubblico. Quando capisci il

9

linguaggio del corpo, sarai in grado di salire sul palco con sicurezza e sarai in grado di fare quel tipo di gesti che miglioreranno il modo in cui le persone ti percepiscono.

È un aspetto importante: quando non abbiamo il controllo del modo in cui le persone ci percepiscono, ciò può far sentire *loro* nei nostri confronti in un modo diverso rispetto a quanto vorremmo. Ad esempio, una persona è stata promossa casualmente al ruolo di generale in un esercito. Se non ha idea del linguaggio del corpo, non saprà come comportarsi, quindi farà tutti i gesti sbagliati. Il risultato è che la sua unità non le sarà fedele, e, non avendo fiducia in questa persona, non eseguirà i suoi ordini.

Percepirai gli altri in modo diverso

Non saranno solo gli altri a vederti sotto una luce differente, sarai anche tu in grado di capire gli altri in modo diverso.

Quando non siamo a conoscenza del linguaggio del corpo e di tutto ciò che comporta, vediamo il mondo attraverso un filtro. In altre parole, non capiamo ciò che ci sta davvero dicendo. È un po' come guardare un film con le scene chiave mancanti: riusciamo comunque ad apprezzarlo ma non sappiamo davvero cosa stia succedendo.

Comprendere il linguaggio del corpo apre il tuo mondo a nuove esperienze. All'improvviso, inizi a vedere le persone in HD, capisci cosa ti stanno davvero dicendo. Questo ti aiuta a costruire relazioni e amicizie migliori permettendoti di mostrare comprensione ed empatia.

Come puoi vedere, quindi, essere in grado di leggere il linguaggio del corpo è un'abilità davvero importante che può far salire di livello di qualità della tua vita. Senza ulteriori indugi, tuffiamoci nella lettura.

Capitolo 1: Cosa sono la comunicazione non verbale e il linguaggio del corpo?

La comunicazione è la chiave del successo nella vita. Ma come abbiamo già visto, la comunicazione non verbale conta tanto quanto, se non di più, la comunicazione verbale.

Spesso abbiamo il controllo di ciò che *diciamo*. Quella parte è facile, il più delle volte. Ma quando si tratta di comunicazione non verbale, non abbiamo sempre il controllo -e nemmeno l'altra persona ce l'ha.

Comprendere la comunicazione non verbale e il linguaggio del corpo è importante in modo da compiere sempre i giusti movimenti per comunicare al meglio con le altre persone; ma è anche importante per poter leggere meglio chi abbiamo davanti.

Molti di noi non sono consapevoli del fatto che diamo e riceviamo costantemente comunicazioni non verbali dagli altri. Queste comunicazioni non verbali alterano il modo in cui le persone si sentono nei nostri confronti, e inviano messaggi molto forti e chiari. Possono far sentire le persone a proprio agio con noi, possono creare fiducia, possono rendere le persone attratte da noi, ma possono anche confonderle, infastidirle e persino offenderle.

In breve, le comunicazioni non verbali possono avvicinare le persone tanto quanto possono separarle. E se non capisci il linguaggio del corpo, tutto questo può accadere anche senza che tu ne sia consapevole.

La cosa divertente è che ciò che diciamo spesso contraddice il modo in cui ci *presentiamo* agli occhi di chi ci ascolta. Ad esempio, hai mai detto "Sì, ne sono sicuro" a qualcuno, solo per poi vederli guardarti da testa a piedi e dire: "Ne sei davvero sicuro? Perché non lo sembri affatto"

Quello che sta succedendo in questo esempio è che se anche le tue parole trasmettono fiducia, il tuo corpo non lo fa. E a meno che il tuo linguaggio del corpo non corrisponda alle tue parole, l'altra persona semplicemente non ti crederà.

Ecco un altro esempio: supponiamo che tu dica "Sì" a qualcuno, per poi scuotere accidentalmente la testa. È un'altra contraddizione che mina la loro fiducia in te.

Il problema principale è che è facile inviare questi segnali misti senza accorgersene. In realtà è uno dei motivi principali per cui un primo appuntamento non va a finire come pensavamo che sarebbe accaduto. Andiamo a casa, felici nella consapevolezza di aver detto tutte le cose giuste, con la certezza di ottenere presto un secondo appuntamento. Eppure, l'altra persona ci scrive per dirci che non vuole vederci di nuovo. Come è potuto accadere? Li abbiamo fatti ridere, abbiamo detto che ci piacevano - quindi cosa è successo?

È molto probabile che il tuo linguaggio del corpo abbia contraddetto tutto ciò che hai detto. Potresti aver raccontato alcune battute e fatto i complimenti, ma il tuo linguaggio del corpo ha detto loro che stavi *fingendo*. Leggono le tue comunicazioni non verbali e giungono alla conclusione che c'è qualcosa che non li convince. Frustrati dai segnali contrastanti, decidono di non rivederti più.

Non è tutta colpa tua. Può darsi che tu non fossi a conoscenza dell'importanza del linguaggio del corpo. Ma quando inviamo comunicazioni verbali e non verbali che si contraddicono a vicenda, le persone tendono a dare precedenza e quindi più ascolto al messaggio non verbale.

Perché? Perché di solito è più sincero.

La buona notizia è che, prendendoti il giusto tempo per capire come funziona il linguaggio del corpo, potrai iniziare a usarlo a tuo vantaggio.

La comunicazione non verbale svolge 5 ruoli:

- **Ripetizione**: quando si trasmette verbalmente un messaggio, è possibile rinforzarlo non verbalmente. Questo fa sì che il tuo messaggio vada a destinazione e garantisce che il suo vero significato non vada perso

- **Contraddizione**: Invece di rafforzare il nostro messaggio, la nostra comunicazione non verbale può finire per contraddire ciò che vogliamo dire. Se non stiamo attenti, può portare a molti malintesi

- **Sostituzione**: a volte, ciò che non viene detto è più importante di ciò che viene detto. Invece di usare qualsiasi parola per portare far arrivare il tuo messaggio, puoi usare il tuo linguaggio del corpo

- **Completamento**: il linguaggio del corpo può integrare i tuoi segnali verbali. Ad esempio, se fai un elogio verbale di qualcuno, potresti completarlo dandogli una pacca sulla schiena

- **Accentuazione**: la comunicazione non verbale può accentuare un messaggio. In altre parole, sottolinea l'importanza di ciò che stai dicendo. Ad esempio, se vuoi enfatizzare un punto particolarmente importante, potresti battere il tavolo con il pugno o dare un pugno in aria

Quanti tipi di comunicazione non verbale esistono?

Esistono numerosi tipi di comunicazione non verbale e ne esploreremo molti nel corso di questo libro.

- **Facciale** - Il volto umano è più espressivo di qualsiasi altro conosciuto. Ci sono innumerevoli modi in cui puoi esprimere una varietà di emozioni. Spesso esprimiamo emozioni che pensavamo fosse meglio tenere nascoste! Ad esempio, potresti sentirti triste ma, non volendo che nessuno lo sappia, non esprimi verbalmente come ti senti. Sfortunatamente, le tue espressioni facciali ti tradiranno.

- **Postura e movimenti del corpo** - il modo in cui una persona si siede, si alza e si tiene la testa ci dice molto su di lei. Ad esempio, un leader si atteggerà in modo molto diverso da un suo seguace. Se qualcuno è abituato a comandare, la sua postura sarà diversa da coloro che sono invece abituati a seguire.

- **Gesti** - ci esprimiamo con gesti ogni giorno. Di solito non ci rendiamo conto che lo stiamo facendo finché qualcuno non ce lo fa notare! Quando parliamo in modo animato, agitiamo le mani. Quando vogliamo che qualcuno faccia qualcosa, lo

17

segnaliamo. E mentre la tipologia dei gesti è universale, il loro significato può essere ben diverso nelle varie culture.

- **Contatto con gli occhi** - Una delle comunicazioni non verbali più importanti è il contatto attraverso gli occhi. Il modo in cui qualcuno ti guarda ti dice molto su come si sentono. Sono attratti da te o ti temono? Puoi scoprirlo solo guardando i loro occhi.

- **Tocco** - alcune persone sono più "sensibili al tocco" di altre. Ogni volta che tocchiamo una persona, inviamo un segnale molto forte su come ci sentiamo in quel momento. Una stretta di mano debole ci dice una cosa, mentre una forte stretta di mano, o anche un abbraccio, ci dice qualcosa di molto diverso.

- **Spazio** - lo spazio fisico può essere utilizzato per comunicare in modo non verbale. Ad esempio, se ad un primo appuntamento l'altra persona ti sta vicino, è un grande segno che si fida di te e ti trova attraente. Se, d'altra parte, qualcuno si allontana di proposito da te, è segno che non si sente a proprio agio in tua presenza. Detto questo, il contesto è

18

importante in questo caso. Una persona potrebbe sedersi vicino a te, ma non significa sempre che ti trovi attraente. Potrebbe, ad esempio, essere anche un segno di aggressività.

- **Voce** - Sì, ciò che diciamo è un indicatore dei nostri sentimenti. Ma il tono che usiamo per dire queste parole è altrettanto importante. Ogni volta che parliamo, l'altra persona legge sempre (che se ne renda conto o meno) la nostra voce. Prendi, ad esempio, un venditore: un venditore conosce l'importanza dei tempi e del ritmo quando sta parlando con un cliente. Se ottiene i tempi e il ritmo giusti, può costruire un rapporto con il potenziale cliente e quindi concludere una vendita. D'altra parte, se sbagliasse, potrebbe guastare il rapporto e perdere la vendita.

Esempi di comunicazione non verbale andata male

Come abbiamo capito finora, la comunicazione non verbale è davvero importante, ed è anche qualcosa che mettiamo in pratica tutti ogni volta che discutiamo.

Eppure, ci sono casi in cui può andare storta.

A cosa è dovuto?

Anche se potremmo non rendercene conto, molti di noi inviano segnali *sbagliati*. Questo interrompe il rapporto, interrompe la connessione, e fa venire meno la fiducia. Può portare alla rovina di una relazione.

Prendi, ad esempio, Jim. Jim si considera un bravo ragazzo, un leader forte al lavoro. Pensa di piacere a tutti perché è sempre quello che si occupa degli annunci importanti.

Eppure, a causa dell'imbarazzo che esprime in modo non verbale, i suoi colleghi di lavoro non lo vedono affatto così. Al contrario, lo percepiscono come un bullo che dà sui nervi a tutti. Anche la sua stretta di mano è intimidatoria!

Quando Jim scopre cosa pensano davvero i suoi colleghi di lui, è sgomento. Non riesce a credere che lo pensino davvero! Eppure, nonostante le sue migliori intenzioni, è solo colpa sua perché non ha imparato a usare il linguaggio del corpo per inviare i segnali giusti.

Ora invece diamo un'occhiata a Michelle. Michelle è una donna attraente sui trent'anni che ha avuto molti primi appuntamenti. Come le hanno sottolineato le sue amiche, è molto bella, è divertente, e sa tenere una buona conversazione.

Il problema è che, nonostante lei *pensi* sempre che i suoi appuntamenti siano andati bene, in realtà non portano mai a nulla. Si guarda allo specchio e *sa* di essere attraente. Quindi, qual è il problema?

Il linguaggio del corpo di Michelle è troppo rigido quando si trova ad un appuntamento. Alza molto spesso le sopracciglia e le spalle. E questo tipo di linguaggio del corpo fa sentire i ragazzi molto tesi e persino a disagio quando sono intorno a lei. Ricevono il tipo sbagliato di vibrazioni e ciò li induce a non cercare un secondo appuntamento.

Ora che hai capito cos'è la comunicazione non verbale e il linguaggio del corpo, cerchiamo di imparare di più su come utilizzarli a tuo vantaggio.

Capitolo 2: Comunicazione non verbale del volto

Qualcuno una volta ha detto che il volto è la finestra per l'anima. E se riesci a capire l'anima di qualcuno, puoi veramente capire chi è. Puoi anche capire le sue intenzioni, il che ti mette in un'ottima posizione.

Quanto sono importanti le espressioni facciali che facciamo? Secondo gli studi, moltissimo. In effetti, da questi è emerso che più è simpatico il volto di una persona, maggiore sarà il suo successo. È davvero incredibile!

La buona notizia è che ognuno di noi invia comunicazioni non verbali con il viso. E una volta che sarai in grado di leggere le micro-espressioni, sarai in grado di capire cosa una persona pensa e sente in qualsiasi momento.

Ma cos'è una micro-espressione?

Una micro-espressione è un'espressione facciale che le persone fanno *continuamente*. Di solito, è molto, molto breve e il più delle volte è completamente involontaria. In altre parole, facciamo queste espressioni senza nemmeno rendercene conto!

Un'altra cosa fondamentale da notare è che le micro-espressioni non possono essere simulate. Ciò significa che, se riesci a leggere le micro-espressioni di una persona, saprai esattamente cosa stanno pensando e provando. Non possono mentirti anche se lo volessero!

Ci sono 7 micro-espressioni che usano *tutte* le persone (inclusi te e me):

- Odio

- Sorpresa

- Felicità

- Tristezza

- Paura

- Rabbia

- Disgusto

Una micro-espressione dura non più di 1/25 di secondo. Se vuoi vedere un esempio di micro-espressione, guarda un video di una *qualsiasi* intervista su YouTube (anche se le conferenze politiche sono il miglior esempio).

Le persone le usano sempre, in continuazione. Un esempio davvero famoso è quando Lance Armstrong è apparso nello show di Oprah per denunciare le affermazioni secondo cui aveva imbrogliato per ottenere le sue medaglie d'oro. Il suo disprezzo trasudava nelle micro-espressioni del suo volto. Se non si è bravi a leggere questi segnali non verbali, ciò è ben difficile da vedere!

La cosa più interessante delle micro-espressioni è che sono universali. Ad esempio, se una persona è triste in una tribù indigena brasiliana, l'espressione che farà sarà esattamente la stessa di quella che farà un personaggio di un film. E questo nonostante il fatto che non abbiano mai visto un film in vita sua!

Anche le persone che sono cieche fin dalla nascita esprimono esattamente le stesse espressioni facciali di coloro che hanno sempre avuto la vista.

Diamo ora un'occhiata a ogni micro-espressione in modo da meglio comprendere come leggere la comunicazione non verbale del viso:

25

Sorpresa

Quando una persona è sorpresa, le sopracciglia si alzano e si curvano. La pelle al di sotto, nel frattempo, si allunga e noterai anche le rughe orizzontali che si formano sulla fronte.

Le palpebre si aprono e puoi vedere il bianco degli occhi.

Un'altra cosa da guardare è la mascella: si apre, i denti si separano, eppure non c'è tensione.

Ma mentre a volte la sorpresa può essere facile da individuare, non è sempre così facile capire *perché* una persona è così sorpresa.

Per scoprirlo, dovresti dare un'occhiata ai suoi occhi. È facile perché, ogni volta che una persona è sorpresa, le sopracciglia sono sollevate, il che ti consente di vedere i suoi occhi più chiaramente.

Nel caso di un appuntamento, lo sguardo di sorpresa sul volto di qualcuno a volte può suggerire che è attratto da te. Come mai?

26

Potrebbero rivolgerti un'espressione chiamata "il sopracciglio lampo".

Con questo nome indichiamo un brevissimo sollevamento e abbassamento delle sopracciglia. Succede così in fretta che è molto facile perdere, a meno che tu non sappia esattamente cosa cercare. Se la persona con cui sei uscito fa questo movimento, allora è un segno veramente inconfondibile che è attratto da te (anche se a livello subconscio).

Persino i *bambini* sanno quanto sia importante il movimento degli occhi. Secondo gli studi, i bambini imparano a seguire lo sguardo dei loro genitori ogni volta che questi compiono i movimenti con gli occhi. Ciò suggerisce che, oltre a segnalare l'attrazione, questi movimenti di occhi e sopracciglia possono anche segnalare familiarità e persino intimità.

Paura

La paura è una micro-espressione chiave, ma non è sempre facile da rilevare. Quando qualcuno ha paura e lo mostra attraverso le comunicazioni facciali non verbali, le sopracciglia sono generalmente sollevate e tendono ad unirsi. Le rughe al centro della fronte, nel frattempo, diventano più prominenti e tendono ad alzare la palpebra superiore.

Allo stesso tempo, la palpebra inferiore rimane tesa, mentre la parte bianca superiore degli occhi è più evidente -ma non la parte bianca inferiore.

Un'altra cosa da guardare è la bocca. Se una persona si sente spaventata, le labbra e la bocca sono leggermente aperte e leggermente tese.

La micro-espressione della paura è molto simile a quella dello shock. Tuttavia, nonostante le somiglianze, è diversa. Quando siamo scioccati, tendiamo a non allargare troppo gli occhi. Ma quando abbiamo paura, i nostri occhi si spalancano così tanto che siamo in grado di rilevare ogni eventuale minaccia in arrivo.

Perché la bocca si apre quando abbiamo paura? Si pensa che sia per prepararci nel caso avessimo bisogno di gridare aiuto. In realtà apriamo anche la bocca per inalare ossigeno.

Inoltre, è interessante notare che quando vedi qualcuno che sembra spaventato, è molto comune che anche tu ti senta spaventato di riflesso. Questo effetto si chiama "mirroring" e si verifica perché l'attività nella parte del nostro cervello che è responsabile della paura aumenta improvvisamente.

In che modo è utile?

Se vedi due o più persone che sembrano spaventate, il mirroring ti consente di andare sulla difensiva e intraprendere le azioni giuste per cercare ed evitare il pericolo.

Ecco un altro suggerimento: se qualcuno si copre improvvisamente la bocca vicino a te, è un buon segno che hanno paura di qualcosa, ma non vogliono che tu lo sappia. Si stanno coprendo la bocca per *nascondere* le proprie emozioni. Di solito, le persone lo fanno ogni volta che hanno paura ma sanno che non dovrebbero averne. Ad esempio, pensano di aver sentito un fantasma in casa, ma sanno che credere nei fantasmi è sciocco.

Quando le persone sono disgustate, i loro occhi tendono a restringersi. Sollevano il labbro superiore, arricciano il naso e, di tanto in tanto, espongono anche i denti superiori. Potresti anche notare che le guance sono sollevate.

Il disgusto è un'espressione che usiamo in contesti diversi. Ad esempio, possiamo usarlo quando abbiamo annusato qualcosa di spiacevole, ma possiamo anche usarlo ogni volta che qualcuno ha fatto qualcosa che consideriamo un affronto alla nostra morale.

È interessante notare che ogni volta che una persona socchiude gli occhi per il disgusto, la sua acutezza visiva aumenta, il che li aiuta a individuare l'origine del suo disgusto. Anche questo ti aiuta. Ad esempio, se sei ad un appuntamento e l'altra persona espone i denti superiori, solleva il labbro superiore e restringe l'occhio, dovresti quindi provare a seguire il loro sguardo. Qualunque cosa stiano guardando è esattamente ciò che li fa sentire disgustati. Potrebbe essere, ad esempio, il cibo che hai versato sul tavolo.

In ogni caso, il disgusto è un potente tipo di comunicazione non verbale che ci dice esattamente come si sente l'altra persona. Potrebbero non dirci esplicitamente che si sentono disgustati, ma possiamo comunque leggere le loro espressioni facciali.

Inoltre, vale la pena ricordare che ogni volta che proviamo a sopprimere il nostro disgusto, in realtà finiamo per sentirci ancora più disgustati! Per questo motivo è sempre una buona idea lasciare che il nostro volto si esprima come vuole.

Rabbia

La rabbia è qualcosa che tutti abbiamo sentito in un'occasione o in un'altra. È una delle emozioni più potenti che possiamo provare ed è anche una delle micro-espressioni più viscerali.

Quando una persona ribolle di rabbia, può mostrartela esplicitamente o meno. Ma ci sono alcuni segni che devi cercare sul suo volto:

- Abbasserà le sopracciglia e le unirà

- Potresti notare delle linee verticali tra le sopracciglia

- La punta inferiore si tende

- Gli occhi formano uno sguardo duro. A volte, si gonfiano persino

- Serra saldamente le labbra

- Guarda le loro narici: possono dilatarsi

- Anche la mascella inferiore è un elemento chiave, poiché tende a sporgere ogni volta che una persona è arrabbiata

Per evitare ambiguità, una persona arrabbiata tende a coinvolgere tutte e tre le aree del viso. Se solo due di queste sono incluse, allora è segno che questa persona non è arrabbiata.

32

C'è una grande differenza tra la paura/sorpresa e le micro-espressioni della rabbia. Quando una persona si sente sorpresa o spaventata, le sopracciglia si alzano. Quando una persona è arrabbiata, le sopracciglia si abbassano. Questo è sicuramente un segnale da cercare.

In effetti, lo avrai visto molte volte nei cartoni animati. Quando un personaggio è arrabbiato, le sue sopracciglia formano una V. Sembrano *davvero* prominenti.

È interessante notare che, oltre a indicare una persona arrabbiata, le sopracciglia a forma di V possono anche farci perdere la fiducia in questa persona. Perché? Perché gli occhi diventano socchiusi, il che rende più difficile per noi guardare nella loro anima. Pertanto, soprattutto se sei in affari, è una buona idea evitare di dare alle tue sopracciglia questa forma di V il più possibile.

Vale anche la pena ricordare, se vuoi capire quando qualcuno è arrabbiato, che dovrai essere molto veloce. A volte, alcune persone si limitano ad un movimento delle sopracciglia, ma questo sarà molto veloce e anche l'UNICO segno a indicare il loro stato d'animo.

Perché succede?

33

Perché molti di noi non vogliono apparire arrabbiati di fronte agli altri. Dopotutto, la rabbia è spesso vista come un'emozione negativa, specialmente in un contesto sociale. In quanto tale, le persone fanno tutto il possibile per *nascondere* le proprie emozioni. Ma se riesci a individuare questo rapido movimento delle sopracciglia, puoi leggere meglio la situazione e sarai in grado di pianificare la tua prossima mossa.

Dopotutto, è MOLTO importante capire quando qualcuno è arrabbiato. Questo perché la rabbia è un'emozione instabile che può causare alle persone un danno fisico reale. Quindi, se riesci a individuare la rabbia il più presto possibile, puoi fare ciò che serve per disinnescare la situazione e rimuoverti dal potenziale pericolo

Felicità

La felicità è una delle migliori emozioni che ognuno di noi possa mai provare - se non la migliore in assoluto!

Ecco come di solito si presenta la felicità:

- La persona porta indietro gli angoli delle labbra

- Le labbra possono essere separate esponendo i denti

- Potresti notare una piccola ruga che corre dal naso al labbro

- La persona di solito solleva le guance

- Possono anche abbassare le palpebre

- Le loro rughe saranno tese

- Guarda i loro occhi e dovresti vedere le zampe di gallina laterali

Detto questo, potresti anche imbatterti in una falsa felicità dal momento che è l'emozione più semplice da falsificare. Il modo migliore per individuarla e distinguerla dalla vera felicità è guardare i muscoli degli occhi. Se una persona sorride senza impegnare i muscoli degli occhi, è un segno molto forte del fatto che stanno fingendo la loro felicità!

Un altro modo per capire quando hai davanti la vera felicità è cercare il cosiddetto sorriso Duchene. Questo è un sorriso che esprime la vera felicità e non può essere simulato. L'UNICO modo per individuare un sorriso Duchene è di dare nuovamente un'occhiata agli occhi di una persona. Se riesci a vedere le zampe di gallina intorno a loro, è un sorriso duchenico - e quindi reale -.

Se un sorriso non è accompagnato da zampe di gallina, puoi essere certo che è probabilmente FALSO. Questo ti aiuterà a leggere i vari contesti sociali. Ad esempio, se hai un appuntamento e vuoi sapere se sta andando bene o no, dai un'occhiata ai loro occhi quando sorridono. Se sono presenti zampe di gallina, si stanno davvero divertendo!

Tristezza

Un'emozione che molti di noi preferirebbero evitare il più possibile
è la tristezza.

Quando una persona si sente triste, ci sono alcuni segni specifici
che ci permettono di capirlo:

- La persona porterà verso l'interno e l'alto gli angoli interni
  delle sopracciglia

- La pelle sotto le sopracciglia forma un triangolo

- Possono portare verso il basso l'angolo delle labbra

- A volte, fanno il broncio

Come per la felicità, simulare la tristezza è molto difficile. Allo stesso tempo, è anche un'espressione del viso davvero difficile da individuare! Ecco perché è importante imparare le comunicazioni non verbali del viso. Se riesci a individuare la finta tristezza, saprai esattamente come regolarti di conseguenza.

Il motivo per cui le espressioni tristi sono difficili da rilevare è semplicemente perché non sono così evidenti. Quando sorridiamo, è un segno ENORME del fatto che siamo felici. Ma quando siamo tristi, le persone non sempre mettono su una "faccia triste". Questo può facilmente portare a fraintendimenti tra le persone.

Se, tuttavia, cerchi gli indizi menzionati sopra - gli angoli delle labbra disegnati, il broncio ecc. - dovresti essere in grado di individuare quando qualcuno è veramente triste.

Odio

L'odio non è uguale alla rabbia, anche se a volte le persone confondono le due emozioni. Ancora una volta, questo è un altro motivo per cui è davvero importante che tu sia in grado di rilevare le micro-espressioni, in modo da sapere esattamente come si sente qualcuno.

C'è solo un segno che indica che una persona brucia dentro di odio: la bocca è sollevata da un solo lato.

L'odio è un sentimento negativo di disprezzo, offensività o mancanza di rispetto nei confronti di qualcuno. Quando davvero non ci piace qualcuno, non glielo diremo sempre, ma potremmo involontariamente alzare la bocca da un lato. Se ti trovi in una situazione di gruppo e qualcosa sembra fuori posto, se, ad esempio, stai ricevendo vibrazioni negative da qualcuno, dai un'occhiata alla loro bocca. Se è sollevato da una parte, è un segno infallibile che stanno provando molta antipatia per qualcuno.

Perché alziamo un lato della bocca in questo modo? I ricercatori ritengono che sia perché ogni volta che proviamo disprezzo per qualcuno, ci sentiamo superiori. Di conseguenza, quando qualcuno nutre davvero odio, sembra quasi che *sorrida*. Questo è sicuramente un segno che dovresti tentare di individuare. Se una persona sta sorridendo, di solito significa che prova disprezzo verso coloro che la circondano. Si sente *superiore*. Se il suo sorrisetto è rivolto a te, di solito è sempre un brutto segno. Certamente non è la stessa cosa di un vero sorriso!

Il problema con l'odio è che, se non viene individuato in una relazione, e se la persona che sente questo odio/disprezzo non dice al proprio partner come si sente veramente, può causare un'interruzione completa della relazione.

In effetti, la ricerca ha suggerito che provare un odio ardente per il coniuge è uno dei motivi principali che porta al divorzio. Ciò significa che se sei in grado di leggere il linguaggio del corpo, puoi identificare l'odio e quindi lavorare per cambiare le cose.

Come controllare le tue micro-espressioni

Come tutti sappiamo, nessuno di noi sarebbe considerabile un essere umano se non provassimo emozioni. E come ho già dimostrato, compiamo involontariamente la maggior parte delle nostre micro-espressioni. Quindi perché dovremmo cercare di controllarle? Possiamo davvero farlo?

Quando inizi a capire di più sulle tue micro-espressioni, puoi usarle a tuo vantaggio. Ad esempio, puoi comunicare la fiducia non verbalmente ma solo con il tuo viso ogni volta che partecipi ad un colloquio di lavoro, una riunione o anche al primo appuntamento. Questo genere di nozioni sarà utile anche se stai negoziando un affare difficile.

Puoi usare le tue micro-espressioni per rafforzare la tua relazione, così come le tue amicizie. Puoi usarle per riparare anche eventuali problemi familiari.

E quando si tratta di leggere le micro-espressioni delle altre persone, sarai in grado di imparare come si sentono VERAMENTE. Questo ti aiuterà a decidere meglio cosa relazionarti con loro.

È come disse Charles Darwin:

"Ogni movimento di espressione vero o ereditato sembra avere avuto un'origine naturale e indipendente. Ma una volta acquisiti, tali momenti possono essere impiegati volontariamente e consapevolmente come mezzo di comunicazione"

Quando siamo sintonizzati con le comunicazioni facciali non verbali (le micro-espressioni), abbiamo un maggiore controllo sulla nostra vita e sul nostro destino.

Eppure, identificare una micro-espressione è solo una delle abilità che devi apprendere. Diamo un'occhiata a come *utilizzare* le micro-espressioni.

Come dire che qualcuno sta mentendo guardandone il volto

Mentire non è bello. Eppure, molti di noi mentono costantemente - a noi stessi o agli altri.

Non è neanche bello sentirsi dire una bugia. Ma individuarne rapidamente una ti aiuta ad evitare brutte situazioni e ad uscirne sorridendo.

Ad esempio, se il tuo partner ti sta mentendo ma non lo sai, potreste poi arrivare ad una terribile litigata in seguito.

Oppure, se qualcuno ti sta usando per ottenere un vantaggio, mette te in realtà in grave svantaggio.

Fortunatamente, le persone comunicano in modo non verbale con il proprio viso per tutto il tempo. Una volta capito esattamente cosa cercare quando qualcuno ti sta mentendo non verbalmente, sarai in una posizione molto più forte.

Ecco alcuni segni da cercare:

Si coprono la bocca

Coprirsi la bocca è un'azione puramente guidata dall'istinto. Anche i bambini molto piccoli lo fanno! Quando una persona sta consapevolmente mentendo, o ha qualcosa da nascondere, il che spiega perché si coprono la bocca con la mano.

È come se volessero impedire alla loro bugia di uscire! È anche il modo più ovvio per dire se una persona ti sta mentendo o meno. Se un venditore sta cercando di venderti qualcosa e si copre la bocca mentre espone alcuni "fatti" sul prodotto che sta vendendo, è un grande segno che non ci si deve fidare.

Potresti anche notare una tosse finta. Una tosse finta funziona allo stesso modo, e spesso una persona tossisce per coprirsi la bocca. È puro inganno ma dal momento che stanno tossendo molti sono portati a credere che abbiano solo il pizzico in gola. Ma quello che stanno effettivamente facendo è nascondere la loro bugia! Non è tosse!

Una persona non deve necessariamente coprirsi la bocca con tutta la mano mentre mente. Se stai parlando con qualcuno e questo mette anche un solo dito sulle labbra - come il gesto dello "sshh" - è probabilmente un segno che hanno qualcosa da nascondere. È come se quella persona stesse dicendo a se stessa: "Probabilmente non dovrei dirlo!"

Toccarsi il naso

Un'altra mossa di comunicazione facciale non verbale che è un chiaro segno che qualcuno sta mentendo è toccarsi il naso.

Ad esempio, una persona potrebbe prima coprirsi la bocca con la mano e poi toccarsi rapidamente il naso.

Ma qual è la differenza tra un tocco di naso genuino e uno che suggerisce che la persona sta mentendo?

Normalmente, quando una persona ha davvero bisogno di toccarsi il naso, lo strofinerà o lo graffierà. Dopodiché non continuerà a farlo perché il prurito è andato via. Quando mente, invece, lo strofina in modo persistente così da suggerire che non c'è prurito da eliminare.

Strofinarsi gli occhi

Quando qualcuno sta mentendo e si ritrova a strofinarsi gli occhi, è perché il suo cervello sta facendo del suo meglio per bloccare la menzogna.

Ci sono differenze chiave tra il modo in cui un uomo si strofina gli occhi quando sta mentendo e il modo in cui una donna si strofina gli occhi.

Un uomo, ad esempio, strofinerà in modo decisamente vigoroso, mentre una donna avrà un tocco più gentile e più breve.

Toccarsi un orecchio

Quando diciamo bugie, *sappiamo* che stiamo facendo qualcosa di sbagliato. Di conseguenza, non vogliamo sentirci mentire perché ci fa capire che stiamo facendo qualcosa di terribile.

Per questo motivo i bugiardi tendono inconsapevolmente ad afferrarsi le orecchie riconoscendo che ciò che stanno dicendo è qualcosa che nemmeno loro vogliono sentire!

Fai attenzione a questo gesto. Se la persona con cui stai parlando si mette una mano all'orecchio mentre parla con te, è un forte segnale che sta dicendo qualcosa che non vuole davvero che nessuno ascolti.

E quindi chiediti: per quale altro motivo una persona potrebbe afferrarsi casualmente le orecchie durante una conversazione?!

Succhiarsi un dito

Questo è insolito, ma non è così comune come potresti pensare.

Mentre sei alla ricerca di comunicazioni facciali non verbali, devi essere consapevole di ciò che l'altro sta facendo con la bocca in ogni momento. Se all'improvviso si mettono il dito in bocca e lo succhiano timidamente, è un segno inconscio che stanno cercando di evitare il controllo da parte tua come un bambino cerca di evitare il controllo da parte di sua madre.

Grattarsi il collo

Quando una persona è sotto pressione, non è raro che si gratti il lato del collo. Potrebbe anche grattarsi la gola.

Si pensa generalmente che un graffio al collo suggerisca che una persona dubiti della veridicità delle proprie parole.

Sguardo perso

A volte, un bugiardo potrebbe cercare di evitare il contatto visivo con chi sta parlando.

Altre volte, tuttavia, manterranno il contatto visivo senza nemmeno battere ciglio.

Perché?

È perché stanno cercando di controllare e persino manipolare la situazione. Fissando direttamente i tuoi occhi in ogni momento, è come se stessero cercando di manipolarti per credere alle loro parole. È come se ti stessero ipnotizzando!

Suggerimenti finali:

Guarda gli occhi

Se vuoi diventare bravo a leggere i segnali facciali non verbali, è importante iniziare con gli occhi. Perché? Perché gli occhi sono le nostre caratteristiche facciali più suggestive. Ecco alcune cose da notare:

Se una persona si sente stimolata, le sue pupille si dilateranno.

Se una persona vede qualcosa che è offensivo nei suoi confronti, le sue pupille si ridurranno.

Se quello che stai dicendo non è chiaro per una persona e non riesce a capirti, può socchiudere gli occhi. Potrebbe anche farlo se è sospettosa di ciò che stai dicendo, quindi dovrai iniziare a parlare in modo più chiaro e chiedere se ha domande.

Se una persona inizia a muovere gli occhi per la stanza, si sente insicura o a disagio.

Guarda le labbra

Le nostre labbra potrebbero svolgere una o due funzioni primarie - per esempio, baciarsi- ma in realtà si spostano molto per riflettere i nostri numerosi stati d'animo. Ecco alcune cose da cercare:

Quando una persona increspa le labbra, è segno che è tesa, frustrata o scontenta di qualcosa. Di solito, si usano le labbra per esprimere la frustrazione.

Se una persona increspa le labbra in quella che potrebbe sembrare la forma del bacio, significa che sono pieni di desiderio. Questo è sicuramente qualcosa da tenere d'occhio quando sei ad un appuntamento!

Quando una persona contrae le labbra, spesso indica incredulità o cinismo. Facendo riferimento a ciò di cui stavamo parlando in precedenza, le labbra contratte possono anche essere un segno che una persona sta mentendo.

Guarda i movimenti del naso

Il naso ha un aspetto così strano! Può anche darci enormi intuizioni su come si sente una persona. Ecco alcuni segni di cui diffidare:

Le narici dilatate sono un segno comune che una persona è arrabbiata o almeno prova un intenso dispiacere.

Se il naso si raggrinzisce, spesso può significare che la persona è diventata consapevole di un cattivo odore fisico nella area intorno o ha metaforicamente intuito che la situazione è "marcia".

Sempre riferendosi a ciò di cui stavamo parlando in precedenza, un naso rosso può suggerire che una persona sta mentendo. Come mai? A volte, quando diciamo una bugia consapevolmente, i vasi sanguigni nel nostro naso si dilatano. Quando ciò accade, il nostro naso diventa rosso.

Controlla le sopracciglia

Le sopracciglia si spostano ogni volta che cambia il nostro umore. Come abbiamo già visto, le sopracciglia a V indicano rabbia. Ma cos'altro possiamo imparare sulle sopracciglia?

Se una persona corruga la fronte e alza le sopracciglia, potrebbe essere che stia mettendo in discussione te e le tue motivazioni.

Se una persona abbassa gli occhi, sta cercando di nasconderli. Chiediti perché.

Quando una persona si sente triste, o quando è in lutto, nello spazio tra le sopracciglia si forma una sorta di ferro di cavallo.

Capitolo 3: Comunicazione non verbale delle mani e delle dita

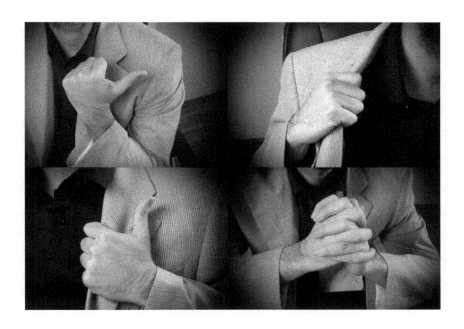

"Tra tutte le specie, le nostre mani sono uniche - non solo in ciò che possono realizzare, ma anche nel modo in cui comunicano. Le mani possono dipingere la Cappella Sistina, pizzicare le corde di una chitarra, manovrare strumenti chirurgici, scalpellare un David, forgiare acciaio e scrivere poesie. Possono afferrare, graffiare, colpire, sentire, percepire, valutare, trattenere e plasmare il mondo che ci circonda. Le nostre mani sono estremamente espressive; possono esprimere segni per i non

*udenti, aiutare a raccontare una storia o rivelare i nostri pensieri
più intimi"*

- Non mi freghi! I segreti del linguaggio del corpo

Come sottolinea la citazione, nessun'altra specie sulla terra è in grado di usare le mani come gli umani sanno fare. Un formichiere non può esprimere sgomento a un altro formichiere utilizzando le zampe. Un orso non è in grado di sfogare la propria frustrazione con un altro orso usando le zampe. Solo gli esseri umani ne sono in grado!

E nonostante *milioni* di anni di evoluzione, il nostro cervello guarda ancora alle nostre mani per la comunicazione non verbale. Che una persona ci parli o meno, dobbiamo solo guardare le sue mani per capire come si sentono e cosa stanno cercando di esprimere.

Stranamente, il tuo cervello dà precedenza alle mani e alle dita rispetto a *qualsiasi altra* parte del corpo quando si tratta di comunicazione non verbale. Nessuno è sicuro del perché, ma potrebbe dipendere dal fatto che le mani sono fondamentali durante l'infanzia. Quando siamo molto piccoli, cerchiamo la sicurezza di nostra madre attraverso le sue mani. Desideriamo un tocco umano. Desideriamo essere tenuti in braccio e abbracciati dai nostri genitori. Gli esseri umani devono costantemente tenere d'occhio le mani. Quando non riusciamo a vedere dove sono le mani di una persona, di solito stiamo più in guardia. Ripensa a quando eri in classe a scuola: ogni volta che qualcuno aveva le mani dietro la schiena, l'insegnante diceva loro di mettere le mani davanti a sé.

E immagina di essere al primo appuntamento e l'altra persona si nasconde le mani, forse perché ci sono seduti sopra. Ti renderebbe nervoso!

Potresti anche provare questo esperimento. Potresti organizzare un incontro con un amico e per tutta la durata della riunione potresti nascondere le mani. Successivamente, dovresti chiedere loro come si sono sentiti durante la conversazione. È *molto* probabile che ti risponderanno che hanno avuto la sensazione che ci fosse qualcosa che non andava.

Le mani, quindi, rivelano molto sulle nostre emozioni e le nostre intenzioni in qualsiasi momento. Ecco alcune cose da tenere a mente:

Quando tocchiamo qualcuno, *il modo* in cui lo tocchiamo è determinato da come ci sentiamo nei suoi confronti in quel particolare momento. Se una persona ti tocca con il palmo della mano, significa che si sentono bene con te e vogliono emetterti calore. Se, d'altra parte, ti toccano con la punta delle dita, è un segno che non si fidano di te e vogliono mantenere una certa distanza.

Ecco un modo semplice per scoprire se qualcuno è stressato o contento: stringi le mani o, se possibile, toccale delicatamente. Se sono calde, significa che è contento. Questo perché il sangue scorre sempre verso le mani quando siamo calmi, facendoci sentire al caldo. Se le sue mani sono fredde, significa che è stressato.

Quando ci sentiamo sicuri, succede una cosa strana alle nostre dita: si allargano! Gli psicologi pensano che ciò avvenga perché ci sentiamo più territoriali e pronti a dominare. Al contrario, quando ci sentiamo insicuri e ansiosi, le nostre dita si stringono insieme. Potremmo anche iniziare a succhiarci i pollici. Sì, non sono solo i bambini a farlo!

Un altro segno di fiducia da cercare è il pollice sollevato. Quando ci sentiamo audaci, forti e ricchi di potenziale, abbiamo la tendenza ad alzare di più il pollice. Gli psicologi non sono sicuri del perché, ma potrebbe essere solo un simbolo di potere.

Un ulteriore segno di fiducia a cui prestare attenzione sono le cosiddette "dita a campanile". Avviene quando ci tocchiamo le dita delle mani con le sole punte, creando la forma della guglia di un campanile. Ogni volta che partecipi a una riunione d'affari o stai negoziando un accordo, dai un'occhiata in giro per vedere cosa fanno le persone con le loro mani: se assumono questa posa, è un segno infallibile del fatto che si sentono sicuri di ciò che stanno facendo. Sono sicuri di ottenere ciò che vogliono. Se riesci in qualche modo a rompere quella fiducia in se stessi, vedrai crollare il loro campanile.

Ogni volta che siamo stressati, facciamo molte cose diverse. Una cosa che la maggior parte di noi fa è strofinarsi le mani. Gli psicologi pensano che questo sia perché vogliamo tranquillizzare noi stessi e liberarci dallo stress. A volte, tuttavia, può effettivamente avere un effetto negativo. E se le cose diventano davvero stressanti, possiamo strofinarci le mani mentre allunghiamo e intrecciamo le dita. Se vedi qualcuno farlo, significa che sta davvero lottando interiormente e potrebbe aver bisogno di assistenza. Non avere paura di contattarli e chiedere se sta bene se li vedi comportarsi in questo modo. Apprezzerà la tua capacità di individuare i segni del suo stress.

Le strette di mano sono forse più importanti di quanto si pensi. Spesso sono la prima possibilità che abbiamo per fare una impressione sugli altri. Se la tua è debole e non impegnativa, si faranno l'impressione che tu sia debole, freddo e distante. E potrebbe volerci molto tempo per cambiare questa opinione.

Allo stesso tempo, non devi essere eccessivamente aggressivo. Non piace a nessuno! Una buona stretta di mano dovrebbe essere ferma e dovrebbe rispecchiare quella dell'altra persona. Assicurati di mantenere sempre il contatto visivo quando stringi la mano a qualcuno.

Detto questo, ci sono alcune culture in cui una stretta di mano è vista come un saluto secondario. È molto più importante entrare in contatto con un abbraccio o anche con un bacio.

Prima di passare al capitolo successivo, ecco alcuni pensieri finali sulla comunicazione non verbale delle mani e delle dita:

I gesti delle mani aiutano le altre persone a capirti, e viceversa

Come esseri umani, siamo fatti per raccogliere informazioni dal modo in cui le persone agiscono, proprio come dal modo in cui le persone parlano. E un gesto della mano può sottolineare ciò che stiamo dicendo in un momento specifico.

L'esperta di linguaggio del corpo Dr. Carol Kinsey Gorman afferma:

"Per quanto riguarda la ricezione, molto viene elaborato inconsciamente. Potresti non essere consapevole delle connessioni, ma istintivamente sentire che quando qualcuno è più appassionato, i loro gesti diventano automaticamente più animati e sembrano più entusiasti. I loro gesti sono più plateali, quindi devono essere davvero coinvolti dall'argomento di cui parlano".

Kinsey continua dicendo:

"Sentiamo un'emozione, il nostro corpo risponde, e poi parliamo. Il corpo risponde per primo. Ciò che viene realmente comunicato è l'emozione e la motivazione di fondo -come ti senti veramente nei confronti di qualcosa".

In altre parole, se senti che una persona non ti sta dicendo la verità, dai un'occhiata ai gesti delle sue mani. Ti permetteranno di capire come si sentono davvero.

I gesti delle mani sono una seconda lingua

Quando parliamo, e specialmente quando teniamo un discorso o un monologo, a volte omettiamo alcune informazioni. Lo fanno tutti. Gli esperti ricercano ciò che *non* viene detto, tanto quanto cercano ciò che *viene* detto.

E quando ci sono mancanze, possiamo sempre guardare i gesti delle mani alla ricerca di indizi.

L'autrice di *Brilliant: The New Science of Smart,* Annie Murphy Paul, ha scritto:

"La ricerca dimostra che i movimenti che facciamo con le nostre mani quando parliamo costituiscono una sorta di seconda lingua, aggiungendo informazioni che sono assenti dalle nostre parole. È come imparare un linguaggio segreto: il gesto rivela ciò che sappiamo, ma rivela anche ciò che non sappiamo."

In sostanza, ogni volta che hai una conversazione importante con qualcuno, dovresti dare un'occhiata alle loro mani e dita. Se non lo fai, potresti capire solo la metà di quello che stanno dicendo. Il che, ovviamente, può portare a fraintendimenti.

Anche i bambini usano i gesti delle mani

I bambini sono più intelligenti e molto più intuitivi di quanto alcuni di noi siano forse pronti a dare loro credito. Alcuni bambini usano i gesti delle mani più di altri, e si pensa che i bambini che usano più gesti delle mani durante l'infanzia svilupperanno probabilmente un vocabolario più forte da adulti.

In effetti, gli studi hanno dimostrato che i bambini che sono in grado di raccontare la struttura narrativa di un cartone animato che hanno appena visto saranno più in grado di sviluppare ottime capacità narrative man mano che invecchiano.

I gesti delle mani e il linguaggio spesso si contraddicono a vicenda

Saresti portato a pensare che le persone sostengano ciò che stanno dicendo utilizzando i gesti delle mani, ma in realtà non accade sempre.

In effetti, è abbastanza comune dire una cosa con le parole e un'altra con le mani!

Il problema è che, ogni volta che i gesti delle mani sembrano dire qualcosa di diverso dalle tue parole reali, le persone perdono fiducia in te. Questo è il motivo per cui è davvero importante assimilare tutto ciò che puoi sulla comunicazione non verbale delle mani e delle dita. Il tuo obiettivo dovrebbe essere quello di creare una seconda lingua che integri la tua prima e principale e che rafforzi il suo messaggio, aumentando così la fiducia tra te e le altre persone.

Capitolo 4: Comunicazione non verbale delle gambe e dei piedi

Ogni volta che proviamo a controllare il linguaggio del nostro corpo, è molto comune concentrarci sui movimenti del visto o delle mani, nonché sulle nostre espressioni. Se vogliamo sembrare tristi, ci accigliamo. Se vogliamo sembrare severi, formiamo una V con le sopracciglia e stringiamo il pugno.

Ma quanti di noi prestano attenzione a ciò che succede al sotto della vita?

La comunicazione non verbale di gambe e piedi è davvero importante, eppure è molto sottovalutata. I gesti fatti dai nostri piedi e gambe di solito sono fuori dal nostro controllo, il che significa che, se vuoi scoprire cosa una persona ti sta veramente dicendo, le loro gambe e i loro piedi sono esattamente dove dovresti puntare lo sguardo.

Facciamo un esempio, e immaginiamo che di recente tu sia stato invitato a parlare in una conferenza. Sei arrivato un giorno prima perché volevi vedere cosa avevano da dire gli altri presentatori e volevi anche avere una prima impressione sul pubblico.

Una delle presentazioni consisteva in un'intervista tra un amministratore delegato e un presidente di un importante istituto finanziario. Il CEO e il presidente erano seduti sul palco con le sedie rivolte verso il pubblico. Accanto a loro c'era anche un membro dello staff, che leggeva un elenco di domande alle quali ciascuno di essi si alternava per rispondere.

Dal punto di vista della comunicazione non verbale, questo tipo di situazione è intrinsecamente affascinante e può insegnarti molto sul modo in cui comunichiamo dalla vita in giù. Nel mio esempio, i gesti delle mani e le espressioni facciali del CEO mi hanno detto che stava parlando con sicurezza e conforto mentre si rivolgeva al pubblico a proposito della sua filosofia bancaria e dell'importanza dei dipendenti per la sua istituzione.

Quindi, il membro del personale gli ha posto alcune domande incentrate sul compenso esecutivo. Il CEO ha mantenuto la stessa espressione facciale. A tutti gli effetti, trasudava ancora confidenza e conforto. Aveva il controllo!

Decidi di spostare lo sguardo sui suoi piedi e noti che il modo in cui si muove il suo piede è molto diverso all'improvviso. Le sue gambe non sono più incrociate con scioltezza; ha invece legato strettamente le caviglie e le aveva tirate indietro sotto la sedia. Quindi le incrocia e le rilascia in continuazione, continuando a calciare il pavimento con entrambi i piedi. Questo movimento dei piedi e delle gambe è continuato per il resto dell'intervista.

Quello che abbiamo qui è un linguaggio della parte superiore del corpo che ci dice che quest'uomo è a suo agio e in controllo. Eppure, il linguaggio della parte inferiore ci dice qualcosa di esattamente opposto! Ci comunica che è stressato e ansioso. Eppure, se fosse stato seduto dietro una scrivania, non saresti stato in grado di vedere i suoi piedi e le sue gambe, avresti data per scontata la sua calma.

Naturalmente, lo stress non è l'unica cosa a cui i nostri piedi e le nostre gambe reagiscono. Reagiscono anche alle emozioni positive. Ad esempio, abbiamo sentito tutti la frase "ballare di gioia" e "camminare sulle nuvole" per la felicità. O che dire di un'altra emozione che è rappresentata dal non "stare in piedi" e riuscire ad essere vigili per il sonno? O dello scalpitare quando siamo nervosi?

In effetti, ci sono molte cose che facciamo con le nostre gambe e piedi che rappresentano come ci sentiamo in un momento particolare. Potremmo camminare in giro, toccarci le dita dei piedi e muovere i piedi. E poi c'è la mossa da poker conosciuta come "piedi felici" che indica quanto un giocatore di poker sia sicuro, davvero molto fiducioso, di avere una mano forte.

Puoi cercare situazioni simili anche in contesti aziendali. Ad esempio, supponiamo che tu stia negoziando con un uomo d'affari astuto che di solito non fa mai concessioni durante una negoziazione. Eppure, se dai un'occhiata ai suoi piedi, potresti vedere che li sta facendo oscillare con molta energia. Cosa significa questo? Di solito significa che si sente molto bene con la sua attuale posizione di contrattazione. Se agita i piedi e fa rimbalzare leggermente le spalle, significa che si sente molto, MOLTO bene!

Può anche dondolarsi avanti e indietro mentre solleva le dita dei piedi, una mossa che rafforza ulteriormente la sua sicurezza.

I piedi in realtà dicono molto su quanto siamo fiduciosi. Se stiamo con i piedi vicini, di solito significa che ci sentiamo reticenti, timidi ed esitanti. Al contrario, se allarghiamo la nostra posizione, significa che ci sentiamo sicuri, fiduciosi in noi stessi e convinti.

Diamo un'occhiata a un altro esempio di una situazione sociale in cui leggere comunicazioni non verbali di gambe e piedi ti aiuterà. Immagina di camminare lungo un corridoio a lavoro. Mentre cammini, vedi due dei tuoi colleghi di lavoro impegnati in una conversazione sul calcio. Il tuo interesse è cresciuto, vuoi partecipare alla conversazione, ma non sei sicuro che la tua interruzione sarà ben accolta.

Come fai ad esserne sicuro? Dai un'occhiata ai loro piedi. Man mano che ti avvicini a loro, i tuoi colleghi (entrambi o solo uno) chiuderanno i piedi verso l'interno se non vogliono che tu intervenga. Questa è una mossa subconscia che facciamo per "nasconderci" dagli altri.

Se, d'altro canto, aprono i piedi verso di te, è un segno che accolgono con favore il tuo coinvolgimento.

Diamo un'occhiata a un'altra situazione sociale. Immagina di parlare con un collega che è in grado di mantenere un buon contatto visivo. Hanno inclinato la parte superiore del corpo verso di te e continuano ad annuire mentre parli. Pensi che siano davvero interessati a quello che hai da dire! Tuttavia, mentre dai un'occhiata a ciò che succede sotto la vita, noti che hanno puntato le gambe e i piedi verso la porta. Questo in realtà significa che vogliono scappare!

Le posizioni dei piedi e delle gambe sono sempre molto rivelatrici. Sono i nostri mezzi di locomozione principali, il che significa che sono in prima linea nella nostra strategia di fuga, o nella nostra risposta alla lotta. Se qualcuno vuole allontanarsi da te, dai un'occhiata a quello che fanno i piedi e le gambe: lo capirai subito!

Capitolo 5: Comunicazione non verbale del torso, delle anche, del petto e delle spalle

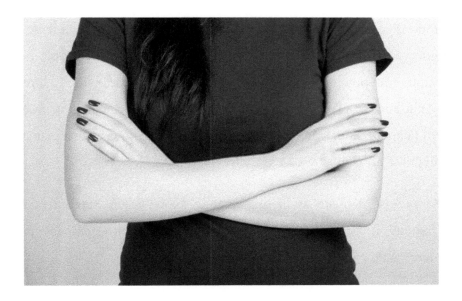

Cominciamo con il *busto*.

Ciò che una persona fa con il torso può dirti molto su come si sente in un determinato momento. Guardare il loro busto e comprendere la loro comunicazione non verbale può aiutarti a leggere meglio la situazione in modo da sapere esattamente come reagire.

Il gesto più chiaro da identificare -e forse anche il più importante- è quello che mostra se la persona con cui stai parlando è interessata o meno a ciò che hai da dire. Se lo sono, si piegheranno. Se non sono interessati, si appoggeranno allo schienale.

La prossima volta che visiti un bar, trascorri un po' di tempo a guardare le persone. Vedi se riesci a individuare due persone sedute una di fronte all'altra allo stesso tavolo. Se sei fortunato, sarai in grado di guardare un uomo e una donna al primo appuntamento. Osserva i loro gesti. Se uno di loro parla mentre l'altro è seduto in avanti, è un potente segno di interesse. Se, d'altra parte, uno di loro sta parlando ma l'altro è seduto indietro, e forse sta anche giocando con i capelli, è un segno che questa persona è disinteressata. È una dinamica affascinante da osservare!

Ma *perché* il busto si inclina quando siamo interessati all'altra persona? È perché il sistema limbico ha sentito qualcosa di interessante e ha deciso che vuole saperne di più.

Detto questo, c'è ben altro oltre allo sporgersi in avanti e sedersi indietro. Solo perché una persona si siede, ciò non significa sempre che abbia perso interesse. La comunicazione non verbale è una lingua che si parla usando mezzi diversi. Se, ad esempio, una persona si siede, ma appoggia il mento sulla mano, significa che sta riflettendo su qualcosa. Ad esempio, potresti incontrare un negoziatore che fa esattamente questo, e di solito suggerisce che sta considerando il prezzo. E se il negoziatore ottiene davvero un buon risultato, si sposterà in avanti per saperne di più!

Ora parliamo del *torace*.

Hai mai sentito la frase "mostrare il petto"?

Mostrare il torace non è lo stesso che *esporre* il torace. Quando esponiamo il nostro petto, ci stiamo strappando i vestiti.

Quando *mostriamo* il petto, lo facciamo per mostrare sicurezza e potere.

Ad esempio, prendi un film con i supereroi. Ogni volta che arriva il Supereroe e sta per fare qualcosa di eccezionale, si strapperà i vestiti per rivelare il suo abito da Supereroe e mostrare il petto.

Potresti anche notarlo in una situazione sociale. Un uomo potrebbe camminare intorno ad un bar, o in un contesto di negoziazione, con il petto gonfio. È un segno che è fiducioso, potente, e si sente bene con se stesso e la sua situazione attuale. Lui è *l'Uomo*.

Certo, mostrare il torace può anche essere un segno di aggressività. Quando un uomo si sta preparando a combattere, può avvicinarsi al suo avversario con il petto gonfio per dirgli: "Ehi, amico! Non ho paura di te"

Mostrare il torace, quindi, è in genere visto come un'esibizione di machismo, ma può funzionare a tuo favore quando devi sentirti e mostrarti sicuro, ad esempio durante una presentazione. È un gesto conflittuale, esuberante, che non tutti sono in grado di eseguire. Dopotutto, il torace è forse la parte più vulnerabile del nostro corpo.

Il contrario di mostrare il torace sta nel nasconderlo. Le persone con scarsa autostima o che si sentono insicure tenteranno di nascondere il più possibile il proprio petto. Mantengono la testa ferma -non la muovono avanti o indietro- ma si sforzano di nascondere il petto.

Che aspetto ha questo gesto? Se qualcuno mostra interesse, piegherà la testa. Se non mostra interesse, appoggerà tutto il corpo all'indietro.

Se una persona si sente insicura, terrà la testa sempre rilassata, e quindi nasconderà il petto.

Questo non significa sempre che una persona si senta insicura. Ma se uniscono questo gesto con altre comunicazioni non verbali, come mani agitate o un cipiglio dello sguardo, è un segno infallibile che non stanno troppo bene in questo momento.

Diamo un'occhiata più da vicino al movimento dei *fianchi*.

La cantante Shakira in una sua canzone afferma che i suoi fianchi non mentono. Ma è vero? I nostri fianchi dicono sempre la verità?

In una certa misura, sì.

Mentre gli uomini mostrano il loro petto per mostrare la loro fiducia in se stessi e il loro potere, le donne ricorrono all'uso dei fianchi per mostrare il *loro* potere e fiducia in se stesse.

Se una donna muove i fianchi, sta dicendo a te e a tutti gli altri presenti: "Non ho paura. Sono forte e sicura di me"

Puoi vedere questa posa nei film di supereroi per tutto il tempo. Se una supereroina è pronta a combattere, sporge i fianchi. Il suo sistema limbico sta praticamente sfidando i suoi avversari.

Ricorda, quando una donna sporge i fianchi, sta esaltando la sua area genitale. E ci vuole una donna molto sicura per farlo. È un atto che certamente non può essere simulato.

Anche le donne che flirtano sporgono i fianchi. Se una donna è attratta da un uomo e si sente bene con lui, flirta con il suo corpo - e in particolare con i fianchi. Se hai un appuntamento con una donna e lei sporge i fianchi, è un segno ENORME che è davvero interessata a te. Non perdere questa occasione! Di tanto in tanto sposterà i fianchi per mostrarti che le piaci e che è una donna molto sicura di sé.

Detto questo, non sono solo le donne a spostare i fianchi, anche gli uomini sicuri lo fanno.

Per riassumere, se vuoi mostrare sicurezza, devi mostrare il petto e i fianchi. E se vuoi mostrare a qualcuno che ti interessa, non sederti contro lo schienale!

Capitolo 6: Comunicazione non verbale delle braccia

Le braccia sono molto importanti quando si parla di linguaggio del corpo e ci sono molte cose che possono dirci su come si sente qualcuno.

Senza ulteriori indugi, entriamo subito nella comunicazione non verbale delle braccia.

Braccia incrociate

Le braccia incrociate possono trasmettere una varietà di significati. È davvero importante avere una solida comprensione del contesto di ogni situazione e leggerlo attentamente prima di decidere cosa qualcuno sta cercando di dirti e cosa significa quando incrociano le braccia.

Vedi, capita spesso che incrociamo le braccia per creare una barriera tra noi stessi e l'altra persona. Ripensa a quando eri bambino. Se i tuoi genitori erano arrabbiati con te, ti nascondevi dietro qualcosa -forse il tavolo o persino il divano. Invecchiando, ti sei reso conto che sarebbe stato sciocco nascondersi dietro gli oggetti ogni volta che qualcuno era scontento nei tuoi confronti. Quindi ti ora ti "nascondi" dietro le braccia.

Se qualcuno incrocia le braccia sul petto, è un segno infallibile che sta cercando di proteggersi dal pericolo. Gli scimpanzé fanno esattamente la stessa cosa. Se sentono che un attacco è imminente, incrociano le braccia sul petto!

Tuttavia, gli esseri umani a volte lo faranno anche solo perché è una posizione comoda. D'altro canto, è molto raro incrociare le braccia quando ci stiamo divertendo. Ripensa a un momento in cui eri felice: hai incrociato le braccia? Ne dubito!

Il problema, tuttavia, quando incrociamo le braccia quando ci sentiamo a nostro agio è che la maggior parte delle persone legge le braccia incrociate come un segnale negativo. Ad esempio, immaginiamo che sia il primo appuntamento. Sei abituato ad incrociare le braccia a casa perché così stai comodo. E così, nonostante ti stia godendo l'appuntamento, decidi di incrociare le braccia. Sembra giusto.

La persona con cui sono, ovviamente, non mi conosce così bene, e di certo non è consapevole di quanto mi senta a mio agio quando incrocio le braccia. Di conseguenza, ottiene l'impressione sbagliata. Nonostante i miei migliori sforzi per dimostrarle che mi sento a mio agio con lei, lei ottiene vibrazioni negative e decide che non vuole vedermi di nuovo!

La lezione qui è che non dovresti incrociare le braccia se non ti senti minacciato.

Presa del braccio

Ancora più negativo delle braccia incrociate è il gesto di presa del braccio.

Il gesto di presa del braccio è molto simile alle braccia incrociate. La differenza fondamentale è che, oltre a piegare le braccia sul petto, stai anche stringendo l'avambraccio.

Perché lo facciamo?

Gli psicologi ritengono che sia per evitare che la parte anteriore del corpo venga esposta. È un modo per proteggerci e rimanere il più a nostro agio e calmi possibile.

Le persone che stringono le braccia in questo modo di solito si sentono minacciate. Ad esempio, vedrai questo gesto negli aeroporti mentre le persone che sono nervose per il volo sono in attesa. Lo vedrai anche nelle sale d'attesa dei dentisti.

Mezzo abbraccio

A volte, un individuo si avvolge la vita con un solo braccio. Chiamiamo questo gesto il "mezzo abbraccio". Non è così angosciato come quando si abbraccia strettamente con entrambe le braccia, ma non è ancora molto a proprio agio con la situazione.

Normalmente, se vedi una persona in questa posizione, è segno che non si sente super sicura. Ad esempio, potresti vedere una persona entrare in una riunione e sedersi, prima di adottare la posizione di mezzo abbraccio. Questo dovrebbe comunicarti all'istante che questa persona si sente a disagio e non ha molta autostima.

Il gesto della foglia di fico

Hai mai visto il presidente Trump posare per le fotografie? Pende sempre le braccia al suo fianco. Molti laici vedono questo gesto e chiedono: "Perché lo fa sempre? Sembra così stupido! "

Tuttavia, questo è in realtà un gesto molto potente che dice "Sono fiducioso e rilassato nel farmi scattare questa fotografia".

Quando un leader non è sicuro o rilassato nel farsi fotografare, probabilmente adotterà quello che è diventato noto come Gesto della Foglia di Fico, vale a dire batte le mani sul basso ventre. È un gesto comune di braccia e di solito indica che una persona non è a suo agio. Tuttavia, poiché si trova in una situazione in cui dovrebbero mostrare fiducia, il gesto Foglia di fico diventa il loro gesto di riferimento.

Adolf Hitler ha usato questo gesto molte volte, con gli psicologi che ipotizzano che lo abbia fatto perché voleva inconsciamente proteggere la sua vulnerabilità sessuale - aveva solo un testicolo.

Non sono solo i leader mondiali che usano questo gesto. Se dai un'occhiata alle persone in cerca di lavoro in fila davanti al centro di lavoro, noterai che molti di loro stanno coprendo gli addominali inferiori con le mani giunte. Sono a disagio ma vogliono essere rispettati.

Come chi si sente insicuro dimostra fiducia in se stesso con le braccia

Le celebrità potrebbero essere famose e anche ricche, ma molte di loro hanno insicurezze -e sono davvero facili da individuare. Tutto quello che devi fare è guardare cosa fanno con le loro braccia.

Il più grande segno che una celebrità è a disagio o insicura è il gesto che fa oscillare un braccio sulla parte anteriore del corpo, ma invece di incrociare completamente le braccia, toccheranno invece qualcosa della mano opposta. Ad esempio, forse toccheranno il loro orologio, un braccialetto o una borsa Gucci. Attirando l'attenzione su un oggetto costoso e di classe come questi, stanno cercando di rafforzare il loro potere e successo mentre reclamano il loro senso di sicurezza. Eppure, tutto ciò che stanno realmente facendo è mostrarci la loro insicurezza!

Braccia aperte

Abbiamo sentito tutti la frase "accolto a braccia aperte". E significa esattamente quello che pensi che signifchi: il gesto dell'aprire le braccia è un gesto caldo, amichevole e accogliente.

La posizione del braccio aperto trasmette amabilità e dice alla gente "Non ho niente da nascondere". È un gesto che devi usare di più se vuoi attirare più persone verso di te e farle sentire a tuo agio con te. Gli uomini d'affari usano questo gesto continuamente quando parlano con nuovi client, lasciano i corpi esposti e metteranno gli altri a loro agio in compagnia.

È lo stesso se vuoi convincere qualcuno a prendere il tuo punto di vista. Invece di chiudere le braccia - che è un grande No - dovresti aprire le braccia verso di loro. Questo creerà un'impressione positiva di te e delle tue idee.

Detto questo, devi integrare questo gesto del braccio con un sorriso, rafforza la sensazione di amabilità che emani.

Ora che hai capito di più sulle comunicazioni non verbali delle braccia, è tempo di iniziare a metterle in pratica. Usa le braccia per mostrare sicurezza, felicità e cordialità!

Capitolo 7: Come analizzare la voce del tuo interlocutore

Finora abbiamo analizzato le diverse parti del corpo per dimostrare e spiegare la cosiddetta "seconda lingua". Ma mentre ciò che diciamo non è sempre importante quanto quello che facciamo con il nostro corpo, *come* lo diciamo è *molto* importante.

Ogni volta che conversi con qualcuno - che si tratti di un amico, il tuo partner, un collega di lavoro o un appuntamento - ci saranno indizi nella loro voce che ti diranno esattamente come si sentono in questo momento. Se riesci ad analizzare la loro voce, capirai il loro messaggio, incluso quello che provano per *te*. Questo ti aiuterà a decidere cosa fare dopo e dove far andare la conversazione.

Tono di voce e percezione

Un tono di voce più profondo suggerisce *maturità*. Ci rende più fiduciosi verso le persone. Pensa a qualsiasi pubblicità finanziaria che hai visto di recente. È molto probabile che il narratore avesse un tono di voce profondo.

Il rovescio della medaglia è che se il tono di voce di una persona è MOLTO profondo, può metterci un po' a disagio.

Quando una persona assume un tono di voce fiducioso, ci fa sedere e ascoltare ciò che ha da dire perché ci lancia il segnale che questa persona sia importante.

D'altra parte, quando una persona parla in modo molto silenzioso, questo ci suggerisce debolezza e imbarazzo.

In termini di credibilità, se una persona ha un tono di voce alto, può far venire meno qualsiasi credibilità che avrebbe potuto avere

Respirazione

Se una persona respira tranquillamente mentre ti parla, ti dice che è un individuo equilibrato che ha il controllo della propria vita.

Se una persona respira profondamente e costantemente durante la conversazione, suggerisce che è una persona attiva e piena di energia.

Se una persona respira profondamente, costantemente *e* con forza, denota rabbia o rabbia repressa.

Se, d'altra parte, una persona fa respiri brevi e veloci durante la conversazione, in genere suggerisce ansia e angoscia.

Volume

Se una persona parla a volume normale, ha il controllo. Ha anche la capacità di ascoltare gli altri.

Se una persona parla ad alta voce, suggerisce egoismo, maleducazione e mancanza di pazienza. A loro non importa ciò che hai da dire.

Se una persona parla davvero in silenzio, di solito significa che mancano di esperienza e fiducia.

Velocità

Quando una persona ti parla lentamente, in genere trasmette una mancanza di interesse o apatia generale.

Quando una persona parla molto velocemente, in genere significa sempre tensione e necessità di nascondere qualcosa. Vogliono esprimere le loro parole rapidamente e forse sperano che tu riesca a perdere alcune delle informazioni.

Quando una persona parla a velocità regolare, a volte può suggerire che stanno evitando di dire qualcosa.

Quando una persona parla in modo irregolare -si ferma spesso per ricominciare e perde la cognizione- indica ansia e confusione sulle proprie idee.

Articolazione

Un'articolazione di parole ben definita suggerisce quasi sempre che una persona ha una buona chiarezza mentale e capisce di cosa sta parlando.

Se una persona è imprecisa, può denotare confusione mentale o inganno.

Se una persona è super chiara, può implicare una tensione interiore o addirittura narcisismo.

Quando una persona incespica, o è inesperta e con poca fiducia o è aggressiva.

Quando non sei sicuro di quale sia il tono di voce di una persona, è sempre una buona idea guardare l'altra sua comunicazione non verbale. Cosa ti stanno dicendo con la loro espressione facciale, braccia e mani? In che modo i loro gesti completano la loro voce?

Capitolo 8: Individuare un interesse sentimentale

Siamo *tutti* contenti ogni volta che pensiamo che qualcuno sia interessato a noi in modo sentimentale. Il nostro cuore inizia a battere forte (forse perde anche un battito!), arrossiamo e a volte non riusciamo nemmeno a mangiare!

Tuttavia, i veri problemi iniziano quando non siamo sicuri che qualcuno sia romanticamente interessato a noi. Trascorriamo ore a valutare gli indizi. Chiediamo aiuto ai nostri amici. Andiamo a letto sognando, pregando che l'altra persona ci chieda presto di uscire. Ma fino a quando non lo fa, siamo bloccati nel limbo!

Ci vedono come amici? O vogliono qualcosa di più?

La buona notizia è che tutto ciò che devi fare è guardare il loro linguaggio del corpo per trovare segni di interesse. Questo capitolo ti mostrerà come farlo nel modo giusto.

Guarda nei loro occhi

Come abbiamo detto prima, gli occhi sono le finestre della nostra anima.

Esistono due livelli di attrazione che possono essere visti attraverso gli occhi:

Se la persona ti guarda negli occhi più a lungo del solito, può indicare un interesse romantico. Tuttavia, può anche indicare interesse per la conversazione.

Se una persona ti guarda in uno dei tuoi occhi e poi passa lo sguardo all'altro, è un segno infallibile che sono interessati a te!

Se spostano lo sguardo dai tuoi occhi alle tue labbra, suggerisce che vogliono baciarti. Stanno pulsando di desiderio!

Si pavoneggiano di fronte a te

Ogni volta che qualcuno di noi si prepara per un appuntamento, una delle cose che facciamo sempre è metterci davanti allo specchio. Sistemiamo i capelli, controlliamo che i nostri vestiti siano privi di pieghe e in generale ci assicuriamo di avere un bell'aspetto.

Se qualcuno è seduto con te e all'improvviso sembra che si stiano sistemando proprio di fronte a te, magari si sono appena sistemati i capelli o si sono tolti qualche pelucco dalle gambe o dalle braccia, stanno fondamentalmente usando il linguaggio del corpo per dirti che sono interessati a te.

Se qualcuno è romanticamente attratto da te, potrebbe mostrarti in modo abbastanza chiaro la propria libido proprio di fronte a te!

Con che segni appare?

Potrebbe accarezzare la propria faccia. In alternativa, potrebbe accarezzarsi le braccia o le gambe in modo suggestivo. In effetti, accarezzare qualsiasi parte della loro pelle è un segno di attrazione e lussuria. Possono persino accarezzare un oggetto inanimato, come il bicchiere.

Possono anche separare le loro labbra o mostrare più del loro corpo. Ad esempio, una donna potrebbe abbassare una delle spalline sul suo vestito o un uomo potrebbe sbottonare un bottone sulla sua camicia. O forse si rimboccherà le maniche e mostrerà le braccia. Ogni movimento come questo è incredibilmente suggestivo e indica che una persona pulsa di desiderio per te.

Inoltre, se noti che l'altra persona sembra "falsificare" le sue parti del corpo, forse una donna ha stretto i seni insieme per farli sembrare più grandi, o forse l'uomo si pone di proposito in modo tale che i suoi muscoli si flettano, è un altro segno infallibile che si stanno preparando sessualmente per te.

Spostano il loro corpo verso di te

Spostare il loro corpo verso di te potrebbe sembrare una cosa così semplice, ma non è proprio naturale. Ci sono solo poche volte in cui una persona si piegherà e orienterà il proprio corpo verso di te, e una di queste è quando si sente romanticamente attratta.

Dai un'occhiata alle loro braccia, gambe e piedi. Se qualsiasi parte del loro corpo punta verso di te, probabilmente significa che sono attratti da te.

Si alzeranno, verranno più vicino e si comporteranno in modo più intimo

Ancora una volta, è molto insolito per una persona sedersi DAVVERO vicino a qualcuno a meno che non si senta romanticamente attratta dall'altro.

Ad un appuntamento tutti e due potreste essere seduti a una discreta distanza l'uno dall'altro per cominciare, ma se alla fine vi avvicinerete l'uno all'altro vi state comunicando a vicenda che siete profondamente attratti l'uno dall'altro e che non volete che nessun altro si frapponga tra voi due.

Pensaci. Se la persona con cui esci improvvisamente colma il divario tra voi due, non può significare nient'altro se non che ti vuole per sé.

Mirroring

Quando una persona si interessa a te in modo romantico, può iniziare a "rispecchiare" il tuo comportamento e le tue azioni. Viene fatto inconsciamente e nessuna delle due parti se ne accorge in genere -a meno che tu non sappia esattamente cosa cercare, ovviamente.

Ad esempio, quando vai a bere qualcosa, anche loro andranno a bere qualcosa. Quando ti gratti la faccia, loro si grattano la faccia.

Potresti notare che la persona rispecchia assolutamente tutto: il linguaggio del tuo corpo, i tuoi gesti, persino il tono della tua voce e il modo in cui stai parlando. Se parli in fretta, anche loro parleranno in fretta.

Una volta compresi i meccanismi del mirroring, sarai in grado di individuarlo continuamente. E se ti capita di individuarlo, ci sono buone probabilità che l'altra persona sia davvero interessata a te!

Toccarsi

Possiamo camminare al fianco della persona da cui siamo attratti e che non siamo sicuri che sia attratta da noi, quando improvvisamente ci toccheranno "accidentalmente".

E restiamo a domandarci: ci hanno semplicemente toccati per caso... o era voluto? Il loro tocco era un segno di attrazione?

Di solito, se arrivi a porti questa domanda, il tocco è stato deliberato.

Immagina: due persone hanno appena avuto un appuntamento. Tornano insieme alla fermata dell'autobus quando uno di loro fa uno scherzo. L'altra persona ride e lo spinge delicatamente in modo scherzoso.

Se non fossero attratti dall'altro, gli metterebbero davvero le mani addosso? No!

Puoi scommettere il tuo ultimo euro che, ogni volta che la persona con cui esci ti tocca, sta SEMPRE cercando di darti un segno. E quel segno è di solito che gli piaci.

Capitolo 9: Individuare le insicurezze

Immaginiamo tu abbia appena incontrato una nuova persona. E anche se non hai mai incontrato questa persona in vita tua, all'improvviso ti senti uno strano, ti senti come se ci fosse qualcosa di sbagliato in te.

Strano, vero?

È ancora più strano perché, prima di incontrare questa persona, stavi passando una bellissima giornata! E ora sei sconvolto dal dubbio. Non ti senti così bene. In effetti, ti senti un po' inutile.

Da cosa dipende?

Probabilmente è perché questa persona non ha perso tempo a dirti quanto sia fantastica la sua vita. Ha un lavoro fantastico, una vita fantastica e ha appena prenotato una vacanza alle Barbados.

Wow. Non solo ti hanno sconvolto, ma ti hanno anche fatto sentire inadeguato alla tua stessa vita.

Come è mai potuto succedere?

Ogni volta che arriva qualcuno che sembra troppo bello per essere vero, è naturale per noi confrontare le nostre vite con le loro. E la nostra ha sempre la peggio.

Ma come possiamo liberarci da questo ciclo di negatività?

Bene, la prima cosa che puoi fare è armarti di conoscenza del linguaggio del corpo. Ecco perché stai leggendo questo libro. E in questo capitolo, vedremo come individuare l'insicurezza negli altri.

Perché questo è importante?

Perché le persone insicure possono spesso farti sentire insicuro a tua volta. E questo è davvero pericoloso.

Il problema con le persone che soffrono di un complesso di inferiorità è che assumono un atteggiamento per cui si sforzano troppo di sentirsi superiori. In questo modo, fanno sentire gli altri infelici.

Ti sei sicuramente imbattuto in questo tipo di persona prima d'ora. Non hanno niente di buono da dire su di te. Litigano costantemente e sottolineano solo i tuoi difetti. Ogni volta che fai qualcosa di eccezionale, non riconoscono mai il tuo traguardo. Dicono cose come "perché preoccuparsi di anche solo tentare? Non sarai mai in grado di farlo".

Secondo la psicologia moderna, ciò è dovuto al fatto che la persona mostra segni classici di disturbo narcisistico della personalità. L'individuo ha deviato dalla normale traiettoria di sviluppo da qualche parte lungo la linea, e ora cerca modi per aumentare la propria autostima e il proprio senso di importanza. E spesso tutto questo avviene a scapito dei sentimenti dell'altro.

Esistono due tipi di narcisisti che mancano di autostima:

- Il grandioso

- Il vulnerabile

Il grandioso si sente molto privilegiato, mentre i vulnerabili si sentono impotenti e deboli sotto la spavalderia e la postura. Se vedi un amico mettersi costantemente in mostra in mezzo alla folla, prova invece a coinvolgerlo in una situazione uno contro uno. Scoprirai che si comporta in modo molto diverso.

L'insicurezza, tuttavia, si manifesta in forme diverse e non tutte le persone insicure sono narcisiste. Ecco alcuni modi per individuare l'insicurezza in una persona:

Ti fa sentire insicuro

Questa è una tattica classica usata dal narcisista. Riescono in qualche modo a farti mettere in discussione la tua autostima.

Ripensa ai momenti in cui ti sei sentito così. Se è insolito per te mettere in discussione la tua autostima, chiediti chi era intorno a te quando hai iniziato a porti queste domande. Se era una certa persona, analizza come si comporta intorno a te. Di solito si mette in mostra ed esalta le proprie abilità? Parla costantemente e ti mette in secondo piano? Ingigantisce i propri risultati in modo che i tuoi sembrino inferiori di conseguenza? Ti ha mai fatto un complimento?

DEVE parlare dei propri successi

Quando una persona è insicura, semplicemente non può fare a meno di elogiarsi. Potrebbe parlare per sempre dei propri risultati personali e professionali.

Non è normale. Quando una persona sicura ha raggiunto un obiettivo, non farà neanche uscire l'argomento in conversazione, o -se lo fa- lo menzionerà di passaggio e andrà avanti. Il più delle volte, saranno altre persone a parlarne al posto loro.

Una persona sicura non ha bisogno di vantarsi dei propri successi. Sanno che cosa hanno raggiunto e che è abbastanza per loro.

Una persona insicura, d'altra parte, parlerà costantemente dei propri successi per sentirsi meglio, vantandosi anche delle conquiste del coniuge e dei figli. Se è stata in grado di mandare i figli in una scuola d'élite, si assicurerà che tu lo sappia!

Si lamenta sempre che le cose non sono MAI abbastanza fatte bene

Hai mai ascoltato qualcuno lamentarsi che il loro lavoro fa schifo? Che le loro relazioni fanno schifo, che tutta la loro vita fa schifo? E tutto ciò che puoi fare è guardarli e concordare.

Questo tipo di persona non è necessariamente insicura, potrebbe essere pessimista e non disposta a fare i cambiamenti necessari, ma l'insicurezza non è il loro problema principale. La pigrizia, invece, sì.

Il rovescio della medaglia è che potresti vedere persone che sembrano avere tutto ma che si lamentano ANCORA che le cose non vanno mai come vorrebbero loro.

Ad esempio, hanno una macchina fantastica, una casa fantastica e sono andati in vacanza tre volte l'anno scorso.

Eppure, vengono da te e ti dicono "la vita è un po' schifosa, no?"

Che cosa?!

Gli psicologi sospettano che la ragione per cui le persone assumono questo comportamento è perché vogliono continuare a sottolineare di avere standard elevati. Vogliono a) attirare l'attenzione su ciò che hanno già ottenuto (sanno che ciò che hanno già ottenuto è sorprendente) e vogliono b) dimostrare di poterne avere ancora di più.

Questa è proprio la base dell'insicurezza. Quando una persona ostenta ciò che ha, così come ciò che POTREBBE avere, è un segno infallibile che sta solo cercando di sentirsi meglio di fronte a te.

Si "vanta in modo umile"

Che cosa significa vantarsi in modo umile? È quando una persona va sui social media e pubblica immagini e stati che ostentano la sua vita e i risultati fantastici che ottiene. Ma lo fa in modo tale che sembra quasi auto-dispregiativo. Dirà frasi come "Non mi sto mettendo in mostra, ti sto solo dimostrando cosa si può fare".

O forse renderanno grazie a Dio in modo da distogliere l'attenzione da se stessi, mentre allo stesso tempo la attirano consapevolmente! È una falsa modestia che li rende umili, nonostante si stiano chiaramente vantando.

È un atteggiamento che si vede in continuazione sui social media. Gli influencers ostenteranno la loro ricchezza ma in modo tale da sembrare che non si stiano mettendo in mostra. Nella loro visione, ti stanno solo mostrando ciò che è possibile ottenere se segui anche tu i tuoi sogni.

Questo è solo un altro caso di una persona che mostra le sue insicurezze.

Questi sono tutti modi attraverso i quali puoi individuare l'insicurezza. Per il nostro capitolo finale, daremo un'occhiata a come individuare le emozioni in generale.

Capitolo 10: Individuare le emozioni

In questo libro abbiamo analizzato il linguaggio del corpo e la comunicazione non verbale e abbiamo mostrato come interpretare i gesti. Ora dovresti (si spera) essere più in grado di leggere le persone e capire come si sentono in qualsiasi momento. Questo ti aiuterà a gestire la situazione (ad esempio, potresti calmare una persona potenzialmente arrabbiata) e condurre la conversazione nella giusta direzione.

In questo ultimo capitolo daremo uno sguardo a come individuare le emozioni ascoltando l'altra persona. Questa è un'abilità molto potente perché di solito troviamo più facile capire come si sente qualcuno quando non lo stiamo guardando.

Come afferma Michael Kraus, autore e dottore di ricerca dell'Università di Yale:

"Le scienze sociali e biologiche nel corso degli anni hanno dimostrato il profondo desiderio degli individui di connettersi con gli altri e la gamma di abilità che le persone possiedono per discernere le emozioni o le intenzioni. Ma, in presenza sia di volontà che abilità, le persone spesso percepiscono comunque in modo inesatto le emozioni degli altri ".

Il punto qui è che, mentre guardare un individuo può certamente darti enormi intuizioni su come si sente, è davvero importante praticare l'ascolto attivo se vuoi ottenerne una comprensione accurata. Se non ascolti l'altra persona e se invece sei troppo preso dalla pianificazione di ciò che risponderai dopo, perderai i segnali chiave che ti diranno esattamente come si sentono!

Ecco alcuni consigli:

Fai attenzione

Ogni volta che qualcuno ti parla, devi dare loro la tua totale attenzione. Spegnere e lasciare vagare la mente per alcuni secondi può essere sufficiente per perdere traccia della conversazione, così come delle loro emozioni.

Le persone ci inviano segnali continuamente. Se ti distrai anche solo momentaneamente, perderai questi segnali.

Mentre ti stanno parlando, non iniziare a pianificare una confutazione nella tua testa. Sintonizzati sul linguaggio del corpo e sulla voce. Metti da parte tutti i pensieri che ti distraggono e non interferire e interromperli in nessun momento mentre parlano.

Dimostra loro che stai ascoltando

Una persona può distrarsi se ha la sensazione di che non stai interagendo con loro. Se sembri distratto, potrebbero perdere fiducia e persino smettere di parlare del tutto.

Questo è il motivo per cui è davvero importante mostrare loro che stai ascoltando. Puoi farlo annuendo di tanto in tanto o sorridendo di tanto in tanto (non troppo). Puoi usare anche altre espressioni facciali. Tutto ciò li incoraggerà ad andare avanti e potrebbe persino incoraggiarli ad aprirsi completamente a te in modo che le loro emozioni vengano rivelate pienamente.

Puoi anche incoraggiarli a continuare a parlare dicendo cose come "sì" e "ah" ogni tanto. Non esagerare e mantieni tutti i tuoi commenti brevi e dolci. Cerca di non spostarti troppo sulla sedia, in quanto ciò può trasmettere l'idea che tu sia irrequieto e desideri che smettano di parlare.

Immagina di aver parlato con qualcuno per qualche minuto. Hai sottolineato alcuni punti importanti e non vedi l'ora di sentire cosa hanno da dire in risposta.

Purtroppo, non hanno nulla da dire. Tutto quello che possono risponderti è "È fantastico. Vuoi bere qualcosa?"

Ehm, cosa?!

Quando parliamo di qualcosa che è importante per noi, ci aspettiamo che l'altra persona abbia qualcosa da dire. Se non ha nulla da dire, capiamo solo che non stavano nemmeno ascoltando in primo luogo. È frustrante e scoraggiante e può portarci ad avere pensieri negativi nei loro confronti.

Questo è il motivo per cui è fondamentale a) ascoltare l'altra persona, b) assorbire ciò che stanno dicendo, e c) offrire feedback.

Un modo eccellente per offrire un feedback è dire qualcosa del tipo "Quindi, quello che stai dicendo è ..." o "Correggimi se sbaglio ...". Potresti anche dire "quello che sento è ..."

Se non sei sicuro di qualcosa che hanno appena detto, ammettilo. Poni loro una domanda, come "Scusa, potresti approfondire ..."

Dire qualcosa di simile ti coinvolge nella conversazione e rassicura l'altra persona che stavi ascoltando e che hai rispetto per loro. Questa è davvero la chiave. Se non mostri loro rispetto, stai commettendo un enorme passo falso.

Inoltre, se qualcosa che la persona ha detto ti ha effettivamente turbato, cerca di non reagire in modo eccessivo. Quando ci sentiamo emotivi, è molto facile reagire in modo eccessivo e dire qualcosa che causa un forte attrito. La cosa migliore da fare in tali circostanze è chiedere chiarezza. Cosa intendevano quando dicevano una cosa del genere?

Rispondi in modo appropriato

Infine, quando la persona ha finito di parlare -e devi assicurarti che abbiano assolutamente finito prima di dire qualcosa- è il tuo momento di esprimere una risposta.

È importante che la tua risposta sia sincera, onesta e persino aperta, ma dovresti anche fare di tutto per non attaccare l'altra persona o abbattere troppo lei e le sue opinioni. Sii deciso nell'esprimere le tue opinioni ma non essere aggressivo. Sii rispettoso e discreto. Trattala come vorresti essere trattato e non farla stare male per ciò che ha appena detto.

Conclusione

Grazie per aver letto il mio libro sul linguaggio del corpo. Spero ti sia piaciuto!

Ormai, dovresti avere una maggiore comprensione del linguaggio del corpo. Come hai visto, la comunicazione non verbale è altrettanto importante -se non addirittura più importante- della comunicazione verbale. Se il tuo linguaggio del corpo contraddice ciò che stai dicendo (senza che te ne accorga), le persone con cui stai daranno la precedenza alla tua comunicazione non verbale... e questo potrebbe portare a terribili incomprensioni.

Usa i suggerimenti di questo libro per leggere il linguaggio del corpo e migliorare le tue abilità in questo campo. Usalo per disinnescare situazioni difficili, migliorare le tue relazioni con le persone ed essere la persona che hai sempre desiderato essere in qualsiasi situazione sociale e professionale.

Lightning Source UK Ltd.
Milton Keynes UK
UKHW021258180621
385747UK00002B/308